Brandon Brown veut un chien

**Cover and Chapter Art by
Robert Matsudaira**

by
Carol Gaab

**French Adaptation & Translation by
Diana Noonan**

**Copyright © 2013 by Fluency Matters
All rights reserved.**

ISBN: 978-1-935575-99-3

Fluency Matters, P.O. Box 11624, Chandler, AZ 85248

800-877-4738

info@FluencyMatters.com • www.FluencyMatters.com

A NOTE TO THE READER

This fictitious novel is based on fewer than 140 high-frequency words in French. It contains a *manageable* amount of vocabulary and numerous cognates (words that are similar in two languages), making it an ideal first read for beginning language students.

Essential vocabulary is listed in the glossary at the back of the book. Keep in mind that many verbs are listed in the glossary more than once, as most appear throughout the book in various forms and tenses. (Ex.: I go, he goes, let's go, etc.) Vocabulary that would be considered beyond a 'novice-low' level is footnoted within the text, and their meanings given at the bottom of the page where each occurs.

The opinions and events in this story do not reflect or represent the opinions or beliefs of Fluency Matters. This novel is intended for educational entertainment only. We hope you enjoy reading it!

Table des matières

Chapitre 1
Brandon veut un chien

Brandon veut un chien. Il veut un grand chien. Il veut un très grand chien ! Il veut un très grand chien comme Clifford, mais il ne veut pas de chien d'une couleur bizarre. Il veut un chien d'une couleur normale ! Il veut un chien blanc ou un chien noir. Il veut un grand chien.

Sa sœur, Katie, a un rat, mais Brandon ne veut pas de rat. Les rats sont horribles. Brandon veut un chien !

Son amie, Jamie, a un hamster mais Brandon ne veut pas de hamster. Les hamsters aussi[1] sont horribles. Brandon ne veut pas de hamster. Brandon veut un chien.

Son ami, Jake, a un chien. Le chien de Jake est grand et aussi intelligent. Brandon veut un chien comme le chien de Jake. Il

[1] aussi - also, too

veut un chien grand et intelligent.

Les hamsters ne sont pas intelligents. Les rats ne sont pas intelligents non plus[2]. Mais les chiens sont intelligents et Brandon veut un chien intelligent! Il veut un chien grand et intelligent!

Dans le parc, il y a beaucoup de chiens. Brandon voit les chiens et il dit avec enthousiasme[3] : « *Je veux un chien !* » Il voit un chien noir et il dit, enthousiasmé : « *Je veux un chien noir !* » Il voit un chien blanc et il dit avec passion : « *Je veux un chien blanc !* » Il voit un grand chien et il dit avec enthousiasme : « *Je veux un*

[2]*non plus - either, neither*
[3]*enthousiasme - enthusiasm*

grand chien ! » Il voit un petit chien et il dit avec conviction : « *Je veux un chien mais je ne veux pas de petit chien. Je veux un grand chien !* »

Brandon voit aussi beaucoup de chiens à la télé. À la télé Brandon re-garde « Marley et moi » et il dit avec admiration : « *Mar-ley est un chien parfait ! Je veux un chien comme Mar-*  *ley !* » Brandon regarde aussi « Beethoven » et il dit avec enthousiasme : « *Je veux un chien comme Beethoven !* » À la télé Brandon voit beaucoup de chiens. Il voit de grands chiens et de petits chiens. Brandon dit, désespéré : « *Oh là là ! Moi, je veux un chien !* »

Chapitre 2
Pas de chien !

– Maman, –dit Brandon– je
   veux un chien ! Je veux un
   grand chien !

– Brandon, un
   chien demande
   beaucoup de
   responsabilités,
   répond sa
   maman.

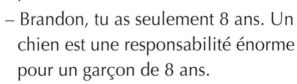

– Oui Maman.
   Je suis res-
   ponsable.

– Brandon, tu as seulement 8 ans. Un
   chien est une responsabilité énorme
   pour un garçon de 8 ans.

– Oui, exactement, –lui répond Brandon
   intelligemment–. Un chien est une res-

ponsabilité énorme pour un garçon de 8 ans. Mais ce n'est pas une responsabilité énorme pour un garçon de 9 ans.

– Ha, ha, ha ! Brandon, tu es très intelligent, –lui dit sa maman.

– Et oui, Maman. Et je suis responsable aussi !

Brandon a 8 ans, mais il va avoir 9 ans. Son anniversaire est le 3 juillet. Brandon veut un chien pour son anniversaire. Un chien est un cadeau d'anniversaire[1] parfait.

– Maman ! Je veux un chien pour mon anniversaire.

– Un chien pour ton anniversaire ?

[1]cadeau d'anniversaire - birthday present

– Oui, Maman ! –Brandon dit avec enthousiasme–. Je veux un grand chien
pour mon anniversaire !

– Brandon, les chiens sont difficiles.

– Difficiles ? –lui dit Brandon perplexe–.
Pourquoi sont-ils difficiles ?

– Les chiens causent beaucoup de problèmes. Ils sont difficiles.

Brandon est très intelligent. Il considère la
réponse de sa maman et il lui dit :

– Maman, tu ne veux pas de chien parce
que les chiens sont difficiles ?

– Oui, exactement. Je ne veux pas de
chien parce que les chiens sont difficiles. Ils sont vraiment[2] difficiles ! –lui
répond sa maman.

– Mais les rats aussi sont difficiles. Le rat
de Katie est difficile et Katie a un rat…

– Brandon, les rats causent de petits problèmes mais les chiens causent de

[2]vraiment - really

7

grands problèmes ! –lui dit sa maman.

– Le chien de Jake ne cause pas de problèmes. C'est le gardien de la famille. Son chien est fantastique !

La maman de Brandon est irritée. Elle ne veut pas de chien et elle ne veut pas continuer la conversation. Mais Brandon continue la conversation avec beaucoup d'enthousiasme :

– Je ne veux pas de Xbox® ou d'iPod non plus. Je veux seulement un chien ! S'il te plaît[3] Maman, je veux un chien pour mon anniversaire !

À ce moment-là, le téléphone interrompt la conversation...« Dring, dring ». Brandon veut continuer la conversation, mais sa maman ne veut pas. Elle répond au téléphone : *« Allô, oui ? »* Elle ignore Brandon et Brandon n'est pas content. Il veut vraiment un chien !

---

[3]*s'il te plaît - please*

Chapitre 3
Un Chien pour Brandon

Brandon quitte la maison à vélo[1].
– Au revoir, Brandon ! –lui dit sa
maman–. Rentre à 20 heures[2] !

[1] *à vélo - by bike*
[2] *20 heures - 8 o'clock, 8:00 p.m, 20 hours. (heures ab-*
breviation: h) Time in French is stated in military terms:
20:00 = 20 h - 12 = 8:00p.m.

      – O.K. Maman, je rentre à 20 heures. Au
        revoir !

Brandon va chez[3] Jake. Il voit son ami et son
chien, Tigre.

      – Salut Jake !
        Salut Tigre !
        –leur dit Bran-
        don.

      – Salut Brandon !
        –lui répond
        Jake.

Tigre saute[4] et dit :
« *Ouaf-ouaf !* » avec enthousiasme. Brandon est
impressionné et il dit :

      – Ou..ah! Tigre est très intelligent !

      – Oui, –répond Jake–. Tigre est un chien
        très intelligent.

      – Est-ce que Tigre cause des problèmes ?

      – Non, il ne cause pas de problèmes, –ré-

[3]*chez - at the house of*
[4]*saute - jumps*

pond Jake, surpris.

– Ma maman dit que les chiens causent beaucoup de problèmes.

– Les chiens ne causent pas tous des problèmes. Tigre ne cause pas de problèmes. C'est un chien parfait ! –lui dit Jake avec conviction.

– Je veux un chien comme Tigre ! –dit Brandon avec enthousiasme.

Les deux amis vont au parc à vélo.

– Ouaf-ouaf ! –dit Tigre.

– Au revoir, Tigre ! –répond Brandon.

Dans le parc, il y a beaucoup de personnes et beaucoup de chiens aussi. Brandon et Jake voient de grands chiens et de petits chiens.

Soudain[5], Brandon voit un petit chiot[6]. Il voit le chiot et il

[5]soudain - suddenly
[6]chiot - puppy

13

dit avec enthousiasme :

     – Oh là là ! Un chiot !

  Le chiot a un collier. Le collier est jaune. Brandon prend[7] le chiot et lui dit :

  – Salut chiot ! Comment tu t'appelles ?

  Brandon et Jake inspectent le collier, mais il n'y a pas d'informations sur le collier. Il n'y a pas de nom ou de numéro de téléphone sur le collier.

[7]*prend - takes*

14

– Il n'y a pas de nom sur le collier, –dit Brandon.

– Il n'y a pas de numéro de téléphone non plus, –dit Jake.

– Ooooh…Où est ta maman ? –demande Brandon au chiot.

Les deux amis observent les chiens dans le parc. Ils voient de grands chiens et de petits chiens, mais ils ne voient pas la maman du chiot. Brandon et Jake passent 30 minutes avec le chiot. Puis, Brandon dit soudainement :

– Il est 19 h 45[8] ! Allons-y[9] !

– Et le chiot ? –lui demande Jake–. Tu vas l'emmener[10] chez toi ?

– L'emmener… chez moi ? –lui répond Brandon, surpris.

– Oui ! –insiste Jake–. Emmène-le chez toi !

[8] *19 h 45 - 7:45 p.m.*
[9] *allons-y ! - let's go!*
[10] *l'emmener - to take/bring him somewhere else*

Brandon veut vraiment l'emmener chez lui mais il est nerveux. Sa maman ne veut pas de chien.

> – Brandon, tu veux un chien ou pas ? –lui demande Jake, irrité.

> – Eh...bien oui…mais ma maman, non, –lui répond Brandon nerveusement.

> – Brandon, emmène-le chez toi ! –interrompt Jake–. Tu n'as pas de chiot et ce chiot n'a pas de garçon. C'est une situation parfaite. Emmène-le chez toi !

Finalement Jake persuade Brandon. Brandon décide d'emmener le chiot chez lui. Il décide de l'emmener… en secret. Brandon prend le chiot et, très ner-

veux, il quitte le parc.

Brandon rentre chez lui à 19 h 59. Il entre dans la maison en silence. Il ne voit ni sa sœur, ni sa maman, ni son papa. Il emmène le chiot rapidement dans sa chambre. Il est très nerveux.

– Braaaandon ! –appelle sa maman–. Où es-tu ?

– Dans ma chambre ! –répond Brandon nerveusement.

– Ça va ? –lui demande sa maman.

– Oui, ça va, Maman, –répond Brandon–. Je vais très bien. Ha, ha, ha.

Brandon ferme la porte de sa chambre et regarde son chiot. Il est très, très content.

Chapitre 4
Le Chiot de Brandon

Brandon emmène son chiot sur son lit. Le chiot s'endort[1] rapidement. Brandon s'endort rapidement aussi. Les deux dorment et ils sont contents.

À 5 heures du matin, le chiot fait du bruit[2] et Brandon se réveille. Brandon regarde son chiot. Son chiot fait du bruit mais il ne se réveille pas.

[1]s'endort - s/he falls asleep

[2]bruit - noise

Le chiot fait du bruit et il dort. Brandon regarde son chiot et il est très content. Il continue à le regarder pendant 10 minutes et puis il s'endort encore une fois[3]. À 7 heures du matin, le chiot fait du bruit encore une fois. Le chiot se réveille et Brandon se réveille aussi. Brandon regarde son chiot et il voit que le lit est mouillé[4] ! Le pyjama de Brandon est mouillé aussi ! Quel problème ! Brandon saute du lit et il dit, horrifié :

– Oh là là ! Le chiot a fait pipi au lit.

Le chiot regarde Brandon et il fait du bruit. Il fait beaucoup de bruit ! *« Mmm… ouaf, ouaf »*

[3]*encore une fois - once again*
[4]*mouillé - wet*

– Tu veux manger ?... Tu veux des céréales ? –lui demande Brandon.

En réalité, Brandon veut des céréales. Il prend son chiot, l'emmène dans son placard[5] et ferme la porte du placard. « *Mmm…. ouaf-ouaf…mmm* » Le chiot fait du bruit et Brandon lui dit :

– Chut ! Je vais chercher des céréales.

Brandon va chercher des céréales. Il ferme la porte de sa chambre parce que son chiot fait beaucoup de bruit. Brandon est nerveux. Il ne veut pas que le chien réveille sa famille. Brandon prend rapidement les céréales et il les emmène dans sa chambre.

Sa maman le voit et

[5]placard - closet

elle va dans la chambre de Brandon pour voir ce qu'il fait. Elle entre dans la chambre. Brandon la voit et il est très nerveux parce que son chiot fait beaucoup de bruit. Brandon a une solution : il fait des bruits comme un chiot.

– Mmmm… ouaf-ouaf ! –dit Brandon.

– Brandon, pourquoi est-ce que tu fais des bruits comme un chiot ? –demande sa maman.

– Parce que je veux un chiot. Ha, ha, ha ! Je suis un chien. Mmm…mmm, –lui répond Brandon.

– Ha, ha, ha ! Brandon, tu as une imagination très fertile.

Soudain, la maman de Brandon regarde le lit. Elle regarde le lit attentivement et dit avec surprise :

– Brandon, le lit est mouillé ! très mouillé ! Est-ce que tu as fait pipi au lit ?

Brandon veut inventer une explication par-

22

faite mais elle n'existe pas. Donc Brandon lui répond avec une voix[6] de chiot :

> – Euh…mmm… ouaf-ouaf…oui, Maman.

> – Ooooh ! –sa maman lui dit calmement–. Beaucoup de garçons ont des accidents. C'est normal.

Brandon est embarrassé. Il admet qu'il faisait pipi au lit à 7 ans, mais maintenant il ne fait plus pipi au lit ! Brandon ne veut pas dire qu'il a fait pipi mais il ne veut pas non plus confesser que son chiot a fait pipi. Le chiot fait beaucoup de bruit donc Brandon fait beaucoup de bruit aussi.

[6]*voix - voice*

– Mmmm…mmmm…mmm, –dit Brandon, très embarrassé.

À ce moment-là, il y a un autre bruit dans la maison… « Dring, dring. » C'est le téléphone. Sa maman va répondre au téléphone et Brandon ferme la porte de sa chambre rapidement. Il va au placard pour prendre son chiot. Quand il le prend, il voit que son chiot a aussi fait pipi dans le placard. Oh là là !

Chapitre 5
Capitaine Brandon

Brandon est dans sa chambre. Il décide qu'il ne va pas quitter sa chambre. Il ne va pas quitter sa chambre de toute la journée[1] parce qu'il ne veut pas abandonner son chiot. Il veut être[2] avec son chiot toute la journée.

[1]toute la journée - the entire day
[2]être - to be

Brandon a une imagination fertile. Il fait une forteresse et il imagine qu'il est capitaine de la forteresse et que son chiot est gardien de la forteresse. En réalité, son chiot dort. Il dort beaucoup !

Bientôt sa maman dit : **Braaandon, Kaaaatie...**

- Braaaandon ! Kaaaatie ! Vous voulez manger ?

– Oui, Maman! –répond la sœur de Brandon.

Brandon veut manger, mais il ne veut pas manger avec sa sœur ; il veut manger avec son chiot dans sa chambre. Il dit à sa maman :

– Maman, je veux manger dans ma chambre. Je veux manger dans ma forteresse. C'est O.K. ?

– Ha, ha, ha ! O.K. Brandon ! Tu as une imagination fertile.

– Je veux manger avec Brandon dans sa forteresse, –dit Katie à sa maman.

Oh là là ! Brandon n'est pas content. Il ne veut pas manger avec sa sœur. Il ne veut pas que sa sœur voie son chiot ! Son chiot est un secret !

– Mamaaaan ! –dit Brandon, irrité–. Je ne veux pas manger avec Katie. Je veux manger seul[3]. Je suis capitaine de la forteresse et le capitaine ne mange pas avec des filles.

[3]seul - alone

– O.K. Capitaine, –lui dit sa maman.

Katie mange avec sa maman et Brandon mange avec son chiot dans sa forteresse. Il ne quitte pas sa chambre de toute la journée.

À 18 heures, le papa de Brandon rentre à la maison et la maman appelle Katie et Brandon en-

C'est l'heure du dîner!

core une fois.

> – Braaaandon ! Kaaaatie ! Papa est ren-
> tré ! C'est l'heure du dîner !

Katie va voir son papa, mais pas Brandon. Il ne quitte pas sa chambre. Il ne veut pas abandonner son chiot donc il appelle sa maman :

> – Mamaaaan, je veux dîner dans ma for-
> teresse.

> – Non, Brandon. Tu vas dîner avec la fa-
> mille ! –lui dit sa maman d'une voix très
> ferme.

> – Mais Mamaaaan, je suis capitaine, –lui
> dit Brandon, irrité.

> – Et ton papa est président. Tu vas dîner
> avec le président ! Ha, ha, ha !

Brandon prend son chiot et il quitte sa forteresse. Il emmène son chiot dans le placard et il ferme la porte. Le chiot n'est pas content et il fait beaucoup de bruit : « *Mmmm…mmm…Ouaf-ouaf.* » Brandon ferme la porte de sa chambre

et, très nerveux, il va dîner avec la famille.

Brandon ne mange pas beaucoup parce qu'il est nerveux. Le chiot fait beaucoup de bruit : « *Mmmm…mmm…Ouaf-ouaf.* » Donc Brandon fait des bruits de chiot : « *Mmmm…Ouaf-ouaf …mmm.* »

– Brandon, pourquoi est-ce que tu fais des bruits comme un chiot ? –demande son papa.

– Ha, ha, ha…parce que Brandon est un chien, –répond sa maman.

– Ha, ha, ha…quelle imagination ! –dit son papa.

– Brandon a l'imagination d'un bébé, –dit Katie, irritée.

À ce moment-là, le chiot fait vraiment beaucoup de bruit : « *Mmm…Ouaf-ouaf.* » Rapidement Brandon imite le chien et il fait aussi beaucoup de bruit : « *Mmm… Ouaf-ouaf.* » Les deux continuent à faire beaucoup de bruit : « *Mmmm…Ouaf-ouaf…mmmm…Ouaf-ouaf.* »

- Brandon ! Ne fais plus de bruit, s'il te plaît ! –lui dit Katie irritée.

- Mmm…Je veux retourner…mmm… dans ma forteresse… Ouaf-ouaf…s'il te plaît Maman, –lui dit Brandon d'une voix de chiot.

- Oui, s'il te plaît ! –dit Katie, irritée–.

Retourne dans ta forteresse !

– O.K. Capitaine, –lui dit sa maman–. Retourne dans ta forteresse. Ha, ha, ha !

Brandon retourne dans sa chambre rapidement en faisant des bruits de chiot. Son papa, sa maman et sa soeur ne s'imaginent pas qu'il existe un chiot dans la chambre de Brandon. Ils ne s'imaginent pas un vrai[4] chiot qui fait aussi du bruit. Brandon ferme la porte de sa chambre et il dit : « Mmm…. *Ouaf-ouaf…ha, ha, ha !* »

[4]*vrai - real, true*

Chapitre 6
Un Secret problématique

Brandon va prendre son chien dans le placard et il l'emmène dans sa forteresse. Il entre dans la forteresse et soudain, il y a un bruit. Brandon quitte la forteresse et il voit Jake par la fenêtre.

– Comment va le chiot ? –lui demande Jake.

– Très bien ! –lui répond Brandon.

Jake est très amusant. Il n'entre pas par la porte, il entre par la fenêtre. Il entre dans la chambre de Brandon par la fenêtre et tous les deux entrent dans la

forteresse. Jake voit le chiot et il dit :

> – Saluuuuut….chiot. Brandon, comment s'appelle ton chiot ? –demande Jake.

> – Euh…Il s'appelle…euh…Il s'appelle… Denver !

> – Salut Denver ! –dit Jake au chiot.

> – Mmm…mmm, –dit le chien.

> – Ha, ha, ha ! Denver est très intelligent, –dit Jake.

Maintenant le chien ne fait pas de bruit. Il dort. Jake et Brandon ont des figurines militaires et ils imaginent qu'ils gardent la forteresse. Ils sont contents.

Soudain, la maman de Brandon entre dans la chambre. C'est la panique ! Brandon quitte la forteresse rapidement.

- Oui, Maman ? –lui demande Brandon d'un ton paniqué.

- Capitaine, va au lit !

- O.K. Maman, –lui dit Brandon.

- Et je veux que tu ailles[1] aux toilettes pour faire pipi. On[2] ne veut pas un

[1]*que tu ailles - that you go*
[2]*on - we, one*

autre accident au lit, –lui dit sa maman, d'une voix très ferme.

Brandon est embarrassé parce que sa maman a mentionné son lit mouillé. Sa maman quitte la chambre et Brandon ferme la porte.

> – Tu as fait pipi au lit ? –dit Jake avec surprise.
>
> – Non ! –répond Brandon, irrité–. Le chiot a fait pipi au lit… et dans le placard.

– Oh noooon ! –dit Jake–. Et dans la forteresse aussi !

Le pantalon de Jake est mouillé et Jake n'est pas content. Jake quitte la forteresse et dit « *Au revoir* » à Brandon. Il quitte la chambre par la fenêtre et il rentre chez lui. Brandon entre dans la forteresse et il voit le liquide jaune par terre. Brandon décide que le chien ne va plus dormir dans son lit.

Brandon va aux toilettes et il retourne dans sa chambre. Il ferme la porte et il va au lit. Bientôt, Brandon s'endort. Le chiot dort dans la forteresse et Brandon dort dans son lit.

À 7 heures du matin, le chiot fait beaucoup de bruit. Brandon se réveille et il regarde le chiot. Le chiot n'est plus dans la forteresse. Brandon va prendre le chiot, mais il y a un problème. Il y a un horrible problème ! Par terre, Brandon

voit ...du caca ! « *Oh nooon !* », dit Brandon. « *Mmm...Ouaf-ouaf* », dit le chiot. « *Braaan-don...* », appelle sa maman. Quel problème !

Brandon saute du lit et il prend le chiot. Il l'emmène rapidement dans le placard. Il ferme la porte du placard et soudain, sa maman entre dans la chambre.

– Oh là là ! –dit sa maman, très surprise quand elle voit le caca par terre–. Brandon ! Qu'est-ce qui s'est passé ?

Que c'est embarrassant ! Brandon n'a pas

d'explication et il ne répond pas à sa maman.

- Brandon, –répète sa maman–, qu'est-ce qui s'est passé ? Pourquoi est-ce que tu as fait caca par terre ? Tu es malade[3] ? –lui demande sa maman.

- Euh…oui…je suis…malade, –lui répond Brandon, très embarrassé–. Je suis désolé[4], maman.

- Ça va, Brandon, –lui dit sa maman et puis, elle quitte sa chambre pour téléphoner au docteur.

[3]*malade - sick*
[4]*je suis désolé - I'm sorry*

Chapitre 7
Une Visite chez le docteur

– Oui, docteur, –dit la maman de Brandon au téléphone–. Brandon est malade. Il a fait pipi dans son lit et il a fait caca par terre ! Mais il y a autre chose…il imagine qu'il est un chien et il fait des bruit de chien toute la journée. Il ne veut pas quitter sa chambre et il passe toute la journée, seul, dans sa chambre… faisant des bruits de chien.

Brandon est très, très embarrassé. Il ne veut pas aller chez le docteur et il ne veut pas dire qu'il a fait pipi et caca par terre. Que c'est embarrassant ! Sa maman avait raison[1] : les chiens causent beaucoup de problèmes.

[1]*avait raison - was right*

– Oui, docteur, –dit sa maman au téléphone–. Ça va…oui…O.K… à 16
heures. Merci docteur. Au revoir.

Brandon est dans son lit et le chiot est dans
le placard. Le chiot fait du bruit et Brandon imite
le chiot : « *Mmmm…Ouaf-ouaf…mmm.* » La
maman de Brandon entre dans sa chambre et
elle est très inquiète[2].

2inquiète - worried

– Brandon, tu vas aller chez le docteur.

– O.K. Maman, –lui dit Brandon, frustré.

– Le docteur dit qu'il est important de dormir. Donc, tu ne vas pas quitter ta chambre, –lui dit sa maman d'une voix inquiète.

Maintenant, le chiot fait beaucoup de bruit. Immédiatement, Brandon imite le chiot et il fait aussi beaucoup de bruit : « *Mmm... Ouaf-ouaf...Mmm...Ouaf-ouaf.* »

– Brandon, calme-toi, –lui dit sa maman inquiète–. Va dormir maintenant, Brandon.

– O.K. Maman. Je veux dormir.

– Dors bien, –lui dit sa maman et puis, elle quitte sa chambre.

– Mamaaan ! –appelle Brandon–. Ferme la porte, s'il te plaît !

Sa maman ferme la porte et Brandon saute du lit. Il va dans le placard pour prendre le chiot.

Il le prend et il entre dans la forteresse. Les deux passent toute la journée dans la forteresse. À 15 h 45[3], la maman de Brandon l'appelle :

> – Braaaaaandon… Nous allons chez le
> docteur !

Brandon prend le chiot et l'emmène dans le placard.

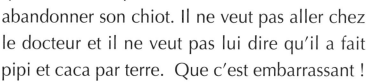

> – Au revoir
> Denver ! Je
> rentre bien-
> tôt, –dit
> Brandon à
> son chiot.

Brandon est in-
quiet. Il ne veut pas
abandonner son chiot. Il ne veut pas aller chez le docteur et il ne veut pas lui dire qu'il a fait pipi et caca par terre. Que c'est embarrassant !

À la clinique, le docteur lui fait un examen

[3] 15 h 45 - 3:45 p.m.

complet. Le docteur pose beaucoup de questions à Brandon et à sa maman.

Brandon voit le rapport médical et il est très embarrassé. Le rapport dit : « *Brandon Brown va avoir 9 ans dans deux jours. Il a fait pipi et caca par terre. Il fait des bruits de chiot aussi. Sa maman est inquiète. Elle dit que ce n'est pas normal pour Brandon.* »

Que c'est embarrassant ! Le docteur continue l'examen et finalement il dit :

— Il est possible que Brandon ait un virus.

— Un virus ? –dit sa maman avec surprise.

— Oui, c'est possible. Mais ce n'est pas un virus sérieux.

— On veut organiser une fête d'anniversaire pour Brandon…dans deux jours, –dit la maman de Brandon, inquiète–. Est-ce possible d'organiser la fête ? Est-ce qu'il y a un médicament pour Brandon ?

— Non, il n'y a pas de médicaments. La solution est de …dormir !

Brandon et sa maman quittent la clinique en silence. Sa maman est inquiète et Brandon est frustré. Il veut avoir sa fête d'anniversaire et il ne veut plus dormir. Il est complètement frustré. Sa maman avait raison : les chiots causent vraiment beaucoup de problèmes.

Chapitre 8
Une Importante Décision

Brandon et sa maman rentrent à la maison en silence. Quand Brandon entre dans la maison, le chiot fait beaucoup de bruit ! Donc Brandon fait aussi beaucoup de bruit : « *Ouaf-ouaf… MMmmm…Ouaf-ouaf !* » Brandon continue à faire des bruits de chiot : « *MMMmm…Ouaf-*

ouaf…Mmmm… », mais quand Il entre dans sa chambre, il n'y a plus de bruits de chiot. Il y a un bruit de panique. *« Oh là là là ! »*

La chambre de Brandon est un désastre ! Un désastre complet ! La forteresse est en ruines et le chiot n'est pas dans le placard. Il est par terre, et il mange son pantalon préféré ! Il y a du pipi et du caca par terre. Quel problème !

Brandon ferme la porte rapidement. Il est très inquiet. Il ne veut pas que sa maman voie sa chambre en ruines. Et il ne veut pas que sa maman voie son chiot !

C'est la panique ! Rapidement, Brandon prend son chiot et l'emmène dans le placard. Puis, il arrange sa chambre.

Bientôt, il n'y a plus de pipi et de caca par terre. La chambre de Brandon n'est plus un désastre !

Maintenant, Brandon est très fatigué. Il veut vraiment dormir, mais le chiot fait du bruit en-

core une fois. « *Mmm… Ouaf-ouaf…Mmm.* »
Brandon va dans le placard pour prendre le
chiot. À ce moment-là, Jake entre dans sa chambre par la fenêtre.

– Salut Brandon. Comment va Denver ?
–lui demande Jake.

– Horrible ! –répond Brandon, irrité.

– Qu'est-ce qui se passe ?

Brandon explique tout à Jake et finalement
il lui dit :

– Jake, ma maman ne veut pas organiser
ma fête d'anniversaire !

– Oh non ! –répond Jake.

– Eh oui ! –dit Brandon–. Denver cause

beaucoup de problèmes. Ma maman avait raison : un chien demande beaucoup de responsabilités.

– Tu ne le veux plus ? –lui demande Jake avec surprise.

– Si, je le veux, mais c'est une responsabilité énorme. J'ai seulement 8 ans…

– Tu vas avoir 9 ans dans deux jours, –lui répond Jake avec enthousiasme.

Jake voit que Brandon est très frustré et il a une solution.

> – Brandon, j'ai une idée. Allons au parc pour chercher la maman du chiot.
>
> – Allons au parc chercher la maman du chiot ? –dit Brandon avec surprise.
>
> – Oui. Allons au parc chercher la maman du chiot…ou chercher un autre garçon.
>
> – Chercher un autre garçon et alors quoi ?...
>
> – Alors un autre garçon va le voir et il va l'emmener chez lui. Il va l'adopter –dit Jake avec enthousiasme.
>
> – Je ne vais pas l'abandonner ! –insiste Brandon avec conviction.
>
> – Tu ne vas pas abandonner Denver. Un autre garçon va l'adopter. C'est une idée parfaite ! –insiste Jake.

Finalement, Jake persuade Brandon et ils décident d'aller au parc avec le chiot. Ils vont chercher un autre garçon. Les deux garçons ont un plan secret.

Chapitre 9
Le Plan secret

À 19 h 15, Jake retourne chez Brandon. Jake est surpris parce que Brandon est déjà en pyjama. Brandon est au lit et le chiot est dans le placard, et il fait du bruit. Brandon est très nerveux. Il ne veut pas quitter la maison en secret et en pyjama ! Mais il n'y a pas d'autre solution. Brandon prend le chiot et, très nerveux, il quitte sa chambre par la fenêtre avec le chiot.

Les deux amis vont au parc à vélo. Le chiot fait du bruit: « *Mmm…mmm…mmm.* » Brandon regarde son chiot et il est très inquiet.

– Jake, je suis inquiet pour Denver.

– Calme-toi, Brandon, –lui répond Jake–.
Mon idée est une excellente idée.

– Et je suis inquiet aussi pour ma
maman…si elle entre dans ma chambre
et si elle voit que je ne suis pas au lit…
Oh là là !

Jake ne lui répond pas. Il est inquiet aussi.
Les deux amis vont au parc en silence.

À l'entrée du parc, Brandon est très inquiet.
Il regarde son chiot et il lui dit : « *Je suis désolé
Denver. Je suis vraiment
désolé.* » Soudain,
une fille dit avec

enthousiasme :

    – Mon chiot ! Mon chiot ! Tu as mon
      chiot !

Brandon est surpris ! Il voit la fille et lui répond :

    – Euh…Ce chiot est à toi ?

    – Oui ! C'est évident ! Tu vois son collier
      jaune ?

    – Oui…mais le collier n'a pas le nom du
      chien ou un numéro de téléphone.

    – Cette partie du collier est détachée, –lui
      explique la fille.

La fille a la partie du collier. Elle attache la

partie du collier et Brandon voit le nom du chien. Son nom est « Lucky ».

— Merci ! Merci ! Ooohhh mon chiot adoré !

La fille prend son chiot et elle est très contente.

— Au revoir, Denv…aaa…Lucky, –dit Brandon.

— Encore merci, –lui dit la fille et elle quitte le parc avec son chiot.

Brandon et Jake quittent le parc et ils rentrent rapidement à la maison. Brandon est très nerveux. En silence, il entre dans sa chambre par la fenêtre.

Il ferme la fenêtre et soudain…la porte de sa chambre s'ouvre…et la maman de Brandon entre dans la chambre.

    – Ça va Brandon ? –lui demande sa
    maman, inquiète.

– Oui Maman. Ça va bien.

– O.K. Brandon ! Dors bien.

– Merci, Maman, –lui répond Brandon, nerveux.

Sa maman quitte la chambre, mais Brandon l'appelle encore une fois :

– Mamaaan !

– Oui ! –lui répond sa maman, en entrant encore une fois dans sa chambre.

– Je suis désolé, Maman. Je suis désolé pour tout.

– Ça va, Brandon. Dors maintenant. Dors bien.

La maman de Brandon quitte la chambre encore une fois et bientôt…Brandon s'endort.

Chapitre 10
L'Anniversaire de Brandon

À 8 heures du matin, Brandon se réveille. Il est très content. Il n'a plus l'énorme responsabilité d'un chien. Il n'a plus de chiot qui cause des problèmes. Maintenant la fille du parc a son

chiot. Maintenant c'est elle qui a la responsabilité d'un chien ! Tout va bien !

Content, Brandon quitte sa chambre.

> – Comment ça va Brandon ? –lui de-
> mande sa maman, inquiète.

> – Ça va bien, maman. Ça va très bien. Ça
> va super bien ! Je vais super bien !

> – Tu n'es plus malade ? –lui demande sa
> maman en le regardant.

> – Non, je ne suis plus malade. Je vais
> bien. Tout va très bien !

Brandon répond avec enthousiasme pour
persuader sa maman d'organiser sa fête d'anniversaire. Sa maman le regarde et maintenant il
est inquiet. Il ne veut pas que sa maman décide
de ne plus organiser sa fête d'anniversaire.

> – Maman…–lui dit Brandon d'une voix
> inquiète–, est-ce que tu vas organiser
> ma fête d'anniversaire ?

> – Est-ce que tu veux avoir une fête d'an-
> niversaire ? –lui demande sa maman.

– Oui, Maman ! Je vais bien maintenant !

– O.K. Brandon. Alors on va organiser ta fête d'anniversaire, –lui répond sa maman.

Brandon et sa maman passent toute la journée à préparer la maison pour sa fête d'anniversaire. Ils décorent la maison et ils font des pâtisseries[1]. Brandon est très, très content. Quelle journée fantastique !

À la fin de la journée, Brandon entre dans sa chambre et bientôt...il s'endort. Il dort très bien...et quand il se réveille, il n'y a pas de bruits de chiot ou de problèmes. Il se réveille en silence. Sa maman avait raison : les chiens causent beaucoup de problèmes. Maintenant, Brandon n'a plus de

---

[1]*ils font des pâtisseries - they make pastries*

problèmes et il n'a plus de responsabilités. Il est très content.

Soudain, la porte de la chambre s'ouvre et toute la famille entre dans sa chambre.

– Réveille-toi, Brandon ! –lui dit sa maman avec enthousiasme–. Bon anniversaire !

– Bon anniversaire, Brandon ! –lui dit sa sœur.

– Bon anniversaire ! –dit son papa avec enthousiasme.

Brandon est très content. Toute la famille passe la matinée à se préparer pour la fête. Soudain, il y a du bruit : « Ding, dong. » Brandon ouvre la porte et sa grand-mère entre dans la maison. Elle a un grand cadeau.

– Bon anniversaire, Brandi ! –lui dit sa grand-mère.

– Merci, Grand-mère ! –lui répond Brandon.

« Ding, dong »... Brandon ouvre la porte encore une fois et il voit son amie, Jamie. Jamie entre dans la maison. Elle a aussi un cadeau.

    – Salut, Brandon ! –lui dit Jamie–. Bon anniversaire !

    – Merci, Jamie ! –lui répond Brandon.

Puis, beaucoup d'amis entrent dans la maison. Finalement, Jake entre avec ses amis, Samuel et Emmanuel.

    – Bon anniversaire ! –lui disent ses amis.

    – Merci ! –leur dit Brandon avec enthousiasme.

Il y a beaucoup d'amis à la fête et il y a beaucoup d'activités. C'est une fête fantastique ! Les amis de Brandon mangent beaucoup. Ils mangent des hot-dogs et des pâtisseries. Puis la maman de Brandon dit avec enthousiasme :

– Les cadeaux !

Brandon est très enthousiasmé. Il y a beaucoup de cadeaux et Brandon veut les ouvrir ! Il ouvre un petit cadeau ; c'est une super figurine d'action.

– C'est fantastique ! –dit Brandon–. Merci !

Puis, Brandon ouvre un très grand cadeau. Brandon l'ouvre et…c'est une guitare !

– Merci beaucoup ! –dit Brandon.

Brandon ouvre des cadeaux fantastiques. Il ouvre de grands cadeaux et il ouvre de petits cadeaux. Bientôt, il n'y a plus de cadeaux et les amis de Brandon se préparent à quitter la maison.

Soudain, son papa entre, et il a un autre cadeau. Il dit avec enthousiasme :

– Il y a encore un autre cadeau !

Tous ses amis le regardent. Brandon ouvre le cadeau et il voit…un chiot ! « *Mmmm… Ouaf-ouaf* », dit le chiot. « *Oh là là !* », dit Brandon.

La Fin

Brandon Brown

Glossaire

à - to, at, in
a - has
ai - have
ailles - go
ait - has
aller - to go
allons-y - let's go
ami - friend (masc.)
amie - friend (fem.)
amis - friends
ans - years
appelle - calls
t'appelles - call yourself
s'appelle - s/he calls him/her-
  self
as - have
au - to the, in the
au revoir - goodbye
aussi - also
autre - other
aux - to the
avait - had
avec - with
avoir - to have
beaucoup - a lot, many
bien - fine, well
bientôt - soon
blanc - white
bon - good

bruit - noise
ça va ? - how are you doing?
ça va - fine (things are fine)
caca - poop
cadeau - gift
cadeaux - gifts
ce - this, that
c'est - this is, it is
cette - this, that (fem.)
chambre - bedroom
chercher - to look for, get
chez - to/at the house of
chien(s) - dog(s)
chiot(s) - puppy, puppies
chose - thing
chut - sssshhhh
comme - like
comment - how
dans - in
de, d' - of, from
des - some
deux - two
dire - to say, tell
disent - say, tell
dit - says, tells
déjà - already
donc - so
dorment - sleep
dormir - to sleep

Glossaire

dors - sleep
dort - sleeps
désolé - sorry
du - of the, some
elle - she
l'emmener - to take , bring
    him somewhere else
l'emmène - he, she brings,
    takes him somewhere
    else
emmène-le - bring him, take
    him
en - in
encore - again
es - are
est - is
est-ce que - used to ask a
    question
et - and
être - to be
eux - them
faire - to make, do
fais - make
faisait - was making
faisant - making
fait - makes, does
fenêtre - window
ferme - closes
fille(s) - girl(s)
fin - end

fois - time
font - make, do
fête - party
garçon(s) - boy(s)
heure(s) - o'clock, hour(s)
il - he
il y a - there is/are
ils - they
inquiet - worried
inquiète - worried (fem.)
jaune - yellow
je, j' - I
journée - day
jours - days
la, l' - the (fem.)
le, l' - the (masc..)
les - the (plural)
leur - their
lit - bed
lui - to him, to her
ma - my (fem.)
maintenant - now
mais - but
maison - house, home
malade - sick
mange - eats
mangeant - eating
mangent - eat
manger - to eat
matin - morning

matinée - morning

merci - thanks

moi - me

mon - my (masc..)

mouillé - wet

ne, n' ... pas - not

ne...plus - no longer, no more

ni - neither

noir - black

nom - name

non plus - neither

oh là là ! - oh!

où - where

on - we, one

ont - have

ou - or

ouaf ouaf - woof woof

oui - yes

ouvre - open

ouvrir - to open

par - by, through

par terre - on the floor, ground

parce que - because

placard - closet

portable - cell phone

porte - door

pour - for, in order to

pourquoi - why

pâtisseries - cupcakes

prend - picks up, takes

prendre - to pick up, to take

puis - then

quand - when

que - that

quell...! - what a ...!

quelle...! - what a ...!

qu'est-ce qui se passe ? - what is happening?

qu'est-ce qui s'est passé ? - what happened?

qui - who

quitte - leaves

quittent - leave

quitter - to leave

(avait) raison - was right

ramasse - picks up

ramassent - pick up

ramasser - to pick up

regardant - watching, looking at

regarde - watches, looks at

regardent - watch, look at

regarder - to watch, look at

rendort - falls asleep

réveille - wakes up

sa - his/her/its (fem.)

salle - room

salut - hi

s'appelle - calls him/herself (name is)

Glossaire

saute - jumps
se - oneself
s'endort - falls asleep
ses - his/her/its (plural)
seul - alone
seulement - only
si - if
s'il te plaît - please
son - his/her/its (masc..)
sont - are
soudain - suddenly
s'ouvre - opens
suis - am
sur - on
sœur - sister
ta - your (fem.)
t'appelles - you call yourself
    (your name is)
s'appelle - s/he calls him/her-
    self
toi - you
ton - your (masc.)
tous - all (plural)
tout - all (masc..)
toute - all (fem.)
très - very
tu - you
un - a, an (masc.)
une - a, an (fem.)
va - goes

vais - go
vas - go
veut - wants
veux - want
vélo - bicycle
voie - see
voient - see
voir - to see
vois - see
voit - sees
voix - voice
vont - go
voulez - want
vous - you
vrai - true
vraiment - really, truly

Glossaire de mots transparents

abandonner - to abandon

accident(s) - accident(s)

action - action

activités - activities

admet - admits

admiration - admiration

adopter - to adopt

adoré - precious, beloved

allô - hello

amusant - amusing, funny

animale - animal

anniversaire - anniversary, birthday anniversary

arrange - arranges

attache - attaches

attentivement - attentively

bébé - baby

bizarre - bizarre, weird, strange

calme - calm

calmement - calmly

capitaine - captain

cause - causes

causent - cause

céréales - cereal

chapitre - chapter

clinique - clinic

collier - collar

complet - complete

complètement - completely

confesser - to confess

considère - considers, consider

content(s) - happy

contente - happy (fem.)

continue - continues

continuent - continue

continuer - to continue

conversation - conversation

conviction - conviction, strong feeling

couleur - color

décide - decides

decident - decide

décisions - decisions

décorent - decorate

demande - demands, asks

désastre - disaster

désespéré - desperate, hopeless

détaché - detached

difficile(s) - difficult

dîner - to dine, eat dinner, dinner

docteur - doctor

enfants - children, infants

Glossaire de mots transparents

embarrassé - embarassed

embarrassant - embarassing

énorme - enormous

enthousiasme - enthusiasm, excitement

enthousiasmé - enthusiastic, excited

entrant - entering

entre - enters

entrée - entrance

entrent - enter

exactement - exactly

examen - exam

existe - exists

explication - explanation

explique - explains

famille - family

fantastique(s) - fantastic

fatigué - fatigued, tired

fertile - fertile, rich, full

figurine - figure(s)

finalement - finally

forteresse - fortress

frustré - frustrated

gardent - guard

gardien - guardian, guard

grand(s) - grand, big

grand-mere - grandma

guitar - guitar

hamster(s) - hamster(s)

horrible(s) - horrible

hot-dog - hot-dog

idée - idea

ignore - ignores

imagination - imagination

imite - imitates

immédiatement - immediately

important - important

impressionné - impressed

information - information

insiste - insists

inspectent - inspect

intelligemment - intelligently

intelligent(s) - intelligent

interrompt - interrupts

inventer - to invent

irrité(e) - irritated

juillet - July

liquide - liquid

maman - mom

marche - marches, walks

médical - medical

médicament(s) - medicine, medication

a mentionné - mentioned

militaires - military

minutes - minutes

moment - moment

nerveusement - nerviously

nerveux - nervous

non - no
normal(e) - normal
normalement - normally
numéro - number
observent - observe
organiser - to organize
paniqué - panicked
panique - panic
pantalon - pants
papa - papa, dad
papier - paper
parc - park
parfait(e) - perfect
partie - part
passe - passes, spends (time)
passent - pass, spend (time)
pâtisseries - pastries, cupcakes
perplexe - perplexed, confused
personnes - persons, people
persuade - persuades
persuader - to persuade
petit(s) - petite, small, little
pipi - pee pee
plan - plan
pose - poses
possible - possible
précieux - precious
préféré - preferred, favorite

problématique(s) - problematic
problème(s) - problem(s)
préparé - prepared
préparent - prepare
préparer - to prepare
président - president
pyjama - pajama
questions - questions
réalité - reality
rapidement - rapidly
rapport - report
rat(s) - rat(s)
remarque - remark, notices
rentré - re-entered, returned home
rentre - re-enters, returns
rentrent - re-enter, return
responsabilité - responsability
responsable - responsable
retourne - return
retourner - to return
répond - responds
répondre - to respond
réponse - response
répète - repeats
ruinée - ruined
ruines - ruins
sauver - to save
secret - secret

Glossaire de mots transparents

sérieux - serious
silence - silence
s'imagine - imagines
s'imaginent - imagine
situation - situation
solution - solution
super - super
surpris(e) - surprised
tigre - tiger
télé - TV
téléphone - telephone
téléphoner - to phone
toilettes - toilet, bathroom
virus - virus
visite - visit

Don't miss these other compelling
leveled readers from…

www.FluencyMatters.com

Brandon Brown Series

Brandon Brown dice la verdad
Present Tense - 95 unique words

Rather than get caught in the act of disobeying his mother, Brandon decides to lie about his dishonest actions. He quickly discovers that not telling the truth can create big problems and a lot of stress! Will he win in the end, or will he decide that honesty is the best policy?   (Also available in French)

Brandon Brown veut un chien
Present Tense - 110 unique words

Brandon Brown really wants a dog, but his mother is not quite so sure. A dog is a big responsibility for any age, much less a soon-to-be 9-year-old. Determined to get a dog, Brandon will do almost anything to get one, but will he do everything it takes to keep one…a secret?

(Also available in Spanish, Chinese & German)

Brandon Brown à la conquête de Québec
Past & Present Tense - 140 unique words
(Two versions under one cover!)

It takes Brandon Brown less than a day to find trouble while on vacation with his family in Quebec, Canada. He quickly learns that in Quebec, bad decisions and careless mischief can bring much more than a 12-year-old boy can handle alone. Will he and his new friend, Justin, outwit their parents, or will their mischievous antics eventually catch up with them? (Also available in Spanish)

Le Nouvel Houdini

Past & Present Tense - 200 unique words
(Two versions under one cover!)

Brandon Brown is dying to drive his father's 1956 T-bird while his parents are on vacation. Will he fool his parents and drive the car without them knowing, and win the girl of his dreams in the process? (Also available in Spanish & Russian)

Level 1 Novels

Pirates français des Caraïbes

Present Tense - 220 unique words

The tumultuous, pirate-infested seas of the 1600's serve as the historical backdrop for this fictitious story of adventure, suspense and deception. Rumors of a secret map abound in the Caribbean, and Henry Morgan *(François Granmont, French version)* will stop at nothing to find it. The search for the map is ruthless and unpredictable for anyone who dares to challenge the pirates of the Caribbean. (Also available in Spanish)

Level 1 Novels *(cont.'d)*

Nuits mystérieuses à Lyon
Present Tense - 325 unique words

Kevin used to have the perfect life. Now, dumped by his girlfriend, he leaves for a summer in Spain, and his life seems anything but perfect. Living with an eccentric host-family, trying to get the attention of a girl with whom he has no chance, and dealing with a guy who has a dark side and who seems to be out to get him, Kevin escapes into a book and enters a world of long-ago adventures. As the boundaries between his two worlds begin to blur, he discovers that nothing is as it appears...especially at night! (Also available in Spanish)

Le vol des oiseaux
Present Tense - 350 unique words

Fifteen-year-old Makenna Parker had reservations about her father's new job in Costa Rica, but little did she know that missing her home and her friends would be the least of her worries. She finds herself in the middle of an illegal bird-trading scheme, and it's a race against time for her father to save her and the treasured macaws. (Also available in Spanish)

Level 2 Novels

Felipe Alou: l'histoire d'un grand champion
Past Tense - Fewer than 300 unique words

This is the true story of one of Major League Base-ball's greatest players and managers, Felipe Rojas Alou. When Felipe left the Dominican Republic in 1955 to play professional baseball in the United States, he had no idea that making it to the 'Big League' would require much more than atheltcism and talent. He soon discovers that language barriers, discrimination and a host of other obstacles would prove to be the most menacing threats to his success. (Also available in Spanish and English)

Problèmes au paradis
Past Tense - 280 unique words

Victoria Andalucci and her 16-year-old son are enjoy-ing a fun-filled vacation at Club Paradise in Mar-tinique. A typical teenager, Tyler spends his days on the beach with the other teens from Club Chévere, while his mother attends a conference and explores Mexico. Her quest for adventure is definitely quenched, as she ventures out of the resort and finds herself alone and in a perilous fight for her life! Will she survive the treacherous predicament long enough for someone to save her? (Also available in Spanish)

About the Author

Carol Gaab has been teaching since 1990, including Spanish for all grades/levels and ESL and Spanish for various Major League Baseball clubs. She currently teaches Spanish and ESL for the San Francisco Giants and is director of the Giant's Education Program in the U.S. and Dominican Republic. Carol also provides teacher training workshops throughout the U.S. and abroad. In addition to editing materials for various authors/publishers, she has authored and co-authored Spanish curricula for elementary through upper levels and numerous novels, including *Brandon Brown dice la verdad*, *Brandon Brown quiere un perro*, *Brandon Brown versus Yucatán*, *El nuevo Houdini*, *Piratas del Caribe y el mapa secreto*, *Problemas en Paraíso*, *La hija del Sastre*, *Piratas del Caribe y el Triángulo de las Bermudas*, *Esperanza and Felipe Alou: Desde los valles a las montañas*.